Paula Trillo Verdugo

APULEYO EDICIONES   FOMENTO DE VALORES   CUENTOS ILUSTRADOS

Mi último abrazo

APULEYO EDICIONES   FOMENTO DE VALORES   CUENTOS ILUSTRADOS

Este cuento está dedicado a todos los niños y niñas, y no tan niños, que sienten la ausencia de alguien. A ellos, recordarles que no están solos. En especial, este cuento va por ti, Manín.

Manín era un niño muy observador, por eso le parecía muy extraño no encontrar a su osito de peluche. Decidió ir a buscarlo al campo, pero, después de mucho buscar..., acabó tan cansado que sin darse cuenta se quedó dormidito a los pies de un árbol.

Al despertarse, se sorprendió mucho al ver que toda su ropa se había llenado de manchas de colores. ¡Cinco manchas de colores!

Manín estaba tan preocupado por su osito de peluche que no quiso darle importancia. Así que se puso manos a la obra. Buscó y buscó por toda la casa, pero nada, en casa tampoco estaba. ¡En algún sitio tenía que estar! Lo removió todo. ¡No podía haber desaparecido! Manín no se creía que no estuviese en ningún sitio. Entonces... ¡PLOF! La mancha de color morado desapareció.

Manín se sorprendió, pero en ese momento empezó a sentir tanta rabia que tampoco le dio importancia. Estaba muy enfadado, no entendía por qué su osito de peluche no volvía. ¿Por qué se había ido? ¿Por qué no volvía? Cuanto más lo pensaba, más se enfadaba; no podía entenderlo. Incluso, llegó a enfadarse con el propio peluche. Entonces... ¡PLOF! La mancha de color rojo también desapareció.

A Manín se le ocurrió una idea: si hacía cosas que al osito le gustaban, a lo mejor volvía. Entonces se subió al columpio, pero nada... Nadie lo empujaba. Probó a dejar un trozo de su chocolate favorito en la mesa, pero nada... Nadie se lo comía.

Y... ¡PLOF! La mancha de color amarillo se esfumó.

Manín no entendía nada y empezó a sentir una enorme tristeza, lo echaba de menos, quería volver a abrazar a su osito de peluche, pero no podía... Solo de pensarlo, sus ojos se llenaban de lágrimas, le encantaba pasar tiempo con él y ahora... empezaba a olvidarse hasta de cómo olía. Eso le ponía tan triste que, ¡PLOF!, la mancha azul desapareció.

Entonces..., después de mucho pensar, Manín comenzó a sentir algo muy bonito en su interior y se dio cuenta de que, aunque ya no pudiese ver al osito de peluche, de alguna manera siempre iba a estar con él. Y... ¡PLOF! La última mancha, la de color verde, desapareció.

Manín, al ver que su ropa había vuelto a la normalidad, lo entendió. Todo lo que había sentido era normal y es lo que se siente cuando se quiere mucho a alguien que ya no está.

© Paula Trillo Verdugo (de la obra)
©Apuleyo Ediciones (de esta edición)
Primera edición en Apuleyo Ediciones: Junio 2024
Diseño de cubierta: Sofía Corzo González
Corrección: Aitor Andreu Guerrero
Maquetación: Alejandro Bermejo Cercas
Ilustraciones: Angélica Aguiar
Coordinación editorial: Isidoro Cidre González
info@apuleyoediciones.com
www.apuleyoediciones.com
ISBN: 978-84-1060-185-7
Depósito legal: H 158-2024

Hecho e impreso en España.